삼국을 통일한 신라는
한반도의 새 주인이 되었어요.
새 왕조를 연 통일 신라는
나라의 제도를 바꾸고 불교를 내세워
백성들의 정신을 하나로 모았어요.
강력한 왕권을 바탕으로 태평성대가 계속되는
가운데 찬란한 문화를 꽃피웠지요.
신라의 전성기는 어떤 모습이었는지
차근차근 살펴볼까요?

추천 감수 **박현숙**(고대사)

고려대학교 사범대학 역사교육과를 졸업하고 동 대학원에서 문학박사 학위를 받았습니다. 현재 고려대학교 사범대학 역사교육과 교수로 재직 중이며, 백제 문화와 고대 인물사 등에 대한 활발한 연구를 계속하고 있습니다. 쓴 책으로 〈백제의 중앙과 지방〉, 〈한국사의 재조명〉 등이 있습니다.

추천 감수 **정구복**(고려사 · 조선사)

서울대학교 사범대학 역사교육과를 졸업하고 서강대학교에서 문학박사 학위를 받았습니다. 한국학중앙연구원 한국학대학원의 교수로 재직 중이며, 한국학중앙연구원 한국학대학원 원장을 역임하였습니다. 쓴 책으로 〈한국인의 역사 의식〉, 〈역주 삼국사기〉, 〈한국 중세 사학사 1, 2〉 등이 있습니다.

추천 감수 **김한종**(근현대사)

서울대학교 사범대학 역사교육과를 졸업하고 동 대학원에서 역사교육을 전공하여 문학박사 학위를 받았습니다. 현재 한국교원대학교 교수로 재직 중입니다. 쓴 책으로 〈역사 교육 과정과 교과서 연구〉, 〈역사 교육의 내용과 방법〉(공저), 〈한 · 중 · 일 3국의 근대사 인식과 역사 교육〉(공저), 〈역사 교육과 역사 인식〉(공저) 등이 있습니다.

고증 **문중양**(과학사)

서울대학교 계산통계학과를 졸업하고 동 대학원에서 이학박사 학위를 받았습니다. 쓴 책으로 〈우리 역사 과학 기행〉, 〈우리의 과학문화재〉(공저), 〈세종의 국가 경영〉(공저) 등이 있습니다.

고증 **정연식**(생활사 및 복식)

서울대학교 국사학과를 졸업하고 동 대학원에서 문학박사 학위를 받았습니다. 쓴 책으로 〈조선 시대 사람들은 어떻게 살았을까?〉(공저), 〈일상으로 본 조선 시대 이야기 1, 2〉 등이 있습니다.

글 **박영규**

1996년 밀리언셀러 〈한권으로 읽는 조선왕조실록〉을 출간한 이후 〈한권으로 읽는 고려왕조실록〉, 〈한권으로 읽는 백제왕조실록〉, 〈한권으로 읽는 신라왕조실록〉 등 '한권으로 읽는 역사 시리즈'를 펴내면서 쉽고 재미있는 역사책 읽기의 바람을 일으켰습니다. 그 외에도 〈교양으로 읽는 한국사〉 등의 많은 역사책을 썼습니다.

그림 **한창수**

추계예술대학교에서 동양화를 전공하고 한국출판미술가협회 회원이 되었습니다. 현재 프리랜서 일러스트레이터로 활동하고 있으며, 그린 책으로 〈쇠두레박을 쓴 여우〉, 〈새가 들려주는 동화〉, 〈옛날 사람들은 어떻게 공부했을까?〉, 〈자라가 준 구슬〉, 〈라이트 형제〉, 〈선녀와 나무꾼〉, 〈작은 아주 작은〉, 〈내색시는 댕기 처녀〉, 〈은혜를 저버린 원님〉, 〈머리 아홉 달린 괴물〉, 〈김수로왕〉 등이 있습니다.

이미지 제공

연합포토, 중앙포토, 국립중앙박물관, 국립부여박물관, 국립경주박물관, 국립민속박물관, 유연태(사진작가), 허용선(사진작가)

광개토 대왕 이야기 한국사 **30** 통일 신라

신라의 전성기를 맞이하다

총기획 및 발행인 박연환
발행처 (주)한국헤르만헤세
출판등록 제17-354호
연구개발원 경기도 성남시 분당구 금곡동 444-148
대표전화 (031)715-7722
팩스 (031)786-1100
본사 서울시 송파구 석촌동 7-3
대표전화 (02)470-7722
팩스 (02)470-8338
고객문의 080-715-7722
편집 임미옥, 백영민, 윤현주, 지수진, 최영란
디자인 장월영, 주문배, 김덕준, 김지은

ⓒ Korea Hermannhesse

이 책의 표지는 일반 용지보다 1.5배 이상 고가의 고급 용지인 드라이보드지를 사용해 제작하였습니다. 표지를 드라이보드지로 제작하면 습기의 영향을 덜 받기 때문에 본문 용지가 잘 울지 않고, 모양이 뒤틀리지 않아 책을 오랫동안 보존할 수 있습니다.

이 책은 기존의 석유 잉크 대신 친환경 식물성 원료인 대두유 잉크를 사용하여 인쇄하였습니다. 대두유 잉크는 선진국에서 널리 사용하고 있는 고가의 대체 잉크로, 휘발성이 적어 인쇄 상태의 보존이 용이하고, 인체에 무해할 뿐만 아니라 눈에 부담을 주지 않는 자연스러운 색을 내는 특징이 있습니다.

신라의 전성기를 맞이하다

감수 박현숙 | 글 박영규 | 그림 한창수

한국헤르만헤세

나라의 체계를 세운 신문왕

화랑도를 없애다

문무왕이 삼국을 통일하자 신라는 잠시 평화를 찾은 듯이 보였어요.

하지만 귀족들은 서로 더 큰 힘을 갖겠다며 다투기 시작했어요.

삼국 통일 후 신라에서 가장 큰 힘을 갖게 된 세력은

김유신 가문이었어요.

김유신은 백제, 고구려뿐만 아니라 당나라와도 싸워 큰 공을

세운데다 군대까지 손아귀에 쥐고 있었기 때문이에요.

김유신은 겸손하고 충성심이 강하여 자신의 힘을 내세워

개인의 이득을 얻으려 하지 않았어요.

하지만 김유신의 조카이자 사위인 흠돌은 달랐어요.

흠돌은 화랑도의 우두머리인 풍월주가 되면서 매우 거만해졌어요.

하루는 흠돌이 남편을 잃고 혼자가 된 보룡이라는 여인을 찾아갔어요.

흠돌은 보룡의 딸인 자의를 좋아하고 있었거든요.

"자의를 내게 주면 평생 편안히 먹고살 수 있도록 해 주겠소."

아무리 남편이 없다고 해도 보룡은 신분이 높은 귀족이었어요.

그런 집안에 찾아가 딸을 내놓으라고 하는 것은

무례한 일이었지요.

그러던 어느 날, 흠돌을 당황스럽게 만드는 일이 일어났어요.

보룡의 딸 자의가 문무왕의 왕비가 된 거였어요.

흠돌은 자의 왕비에게 한 일 때문에 큰 벌을 받을까 봐 벌벌 떨었지요.

흠돌은 이모인 문명 왕후를 찾아갔어요.

문명 왕후는 태종 무열왕의 왕비이자 문무왕의 어머니였어요.

"왕후 마마, 자의를 궁궐에서 쫓아내십시오."

"왜 그러느냐? 자의가 무슨 잘못이라도 저질렀느냐?"

"자의는 신라 귀족 출신입니다.

자의의 아들이 왕이 되면 우리 가야파는 힘을 잃고 말 것입니다."

문명 왕후도 흠돌의 말이 옳다고 생각했어요.

"그렇다면 누구로 대신할꼬?"

정명 태자가 흠돌의 속마음을 꿰뚫어 보고 있었군.

"신광이 어떻겠습니까?"

신광은 김유신의 딸이자 문명 왕후의 조카였어요.

흠돌과 문명 왕후는 자의를 쫓아내고

신광을 왕비로 만들 계획을 세웠어요.

하지만 문무왕은 자의를 쫓아낼 생각이 없었어요.

대신 흠돌을 달랬지요.

"흠돌의 딸을 정명 태자의 둘째 부인으로 삼겠노라."

하지만 나중에 신문왕이 되는 정명 태자는 흠돌의

딸을 좋아하지 않았어요.

자기 딸이 푸대접을 받자 흠돌은 불같이 화를 냈어요.

"내 딸을 반기지 않는다는 것은 우리 집안을 업신여기는 것과 같다.

정명 태자는 왕이 되면 우리 집안을 내치려고 들 것이다.

내 기필코 그가 왕이 되는 것을 막을 것이다."

문무왕은 병석에 누워서도 흠돌이 혹시 반란을 일으키지 않을까

걱정되었어요. 그래서 장군 오기를

불러 속마음을 털어놓았어요.

"오기, 흠돌이 반란을 일으킬지 모르니 그대가 이 궁궐을 지켜 주시오."
당시 궁궐을 지키던 사람은 흠돌과 가까운 진공이었어요.
오기는 진공을 찾아가 문무왕의 명령을 전했어요.
"왕께서 나에게 궁궐을 지키는 임무를 맡기셨소. 자리를 넘겨주시오."
하지만 진공은 벼슬을 내놓으려 하지 않았어요.
진공은 제26대 풍월주였고, 흠돌은 제27대 풍월주였어요.
흠돌과 진공은 문무왕이 죽고 나면 화랑도 무리를 데리고
정명 태자를 몰아낸 뒤 인명 왕자를 왕으로 세울 계획이었지요.
마침내 문무왕이 숨을 거두자 흠돌과 진공은 반란을 일으켰어요.

왕에게 충성할 자는
나를 따르라!

10

흠돌의 군대가 궁궐에 도착하기 전, 오기는 아무도 모르게 군사들을
궁궐에 들여보냈어요.

"목숨을 걸고 이곳을 지켜라. 흠돌 패거리를 들여놔서는 안 된다."

오기는 수군을 이끌고 있는 진복에게 소식을 보냈어요.

"진복 장군, 흠돌이 반란을 일으켰소. 그러니 함께 왕을 지킵시다."

진복은 흠돌의 군대와 싸우면서 경주 밖에 자신이 데리고 온
수많은 병사가 대기하고 있다는 소문을 퍼뜨렸어요.

그때 오기와 진복이 궁궐 밖에 있는 병사들에게 외쳤어요.

"왕에게 충성할 자는 오른쪽으로,
반란군을 따를 자는 왼쪽으로 서도록 하라."

반란군은 오른쪽으로 우르르 몰려갔어요.

▲ 화랑정신을 되살리고자 건립된 화랑의 집

이 모습을 보고 깜짝 놀란 흠돌이
도망가려고 하자 오기와 진복이
그 뒤를 쫓았어요.
허둥지둥 도망가던 반란군은
어이없이 무너지고 말았지요.
신문왕은 흠돌을 도운 화랑들을
용서할 수가 없었어요.
"이번 반란을 일으킨 사람들
대부분이 화랑이니, 화랑도를 없애라."
이렇게 해서 화랑도는 역사 속으로 사라지게 되었어요.

반란을 이겨 내고 왕권을 세우다

신문왕은 문무왕과 자의 부인의 둘째 아들이었어요.
형이 어린 나이에 세상을 떠나자 왕위에 올랐어요.
반란을 물리친 신문왕은 오히려 예전보다 더 강한 힘을 갖게 되었어요.
신문왕은 나라의 체계를 크게 바꾸기 시작했어요.
"나를 호위하는 장군 여섯 명을 내가 뽑을 것이다."
신문왕의 개혁은 여기서 그치지 않았어요.
"관리를 뽑는 신하 두 명을 둘 것인데 이 사람들도
내가 직접 뽑도록 하겠다."

신문왕은 나라의 모든 일을 자신의 손에 움켜쥐려고 했어요.
또 고구려와 백제의 유민들이 언제 반란을 일으킬지 알 수 없었기
때문에 그들을 잘 달래야만 했지요.

"보덕왕 안승을 경주로 불러들여라.

그에게 벼슬은 물론이고 집과 땅을 줄 것이며,

김씨 성을 주어 영화를 누리게 해 줄 것이다."

안승은 고구려 마지막 왕인 보장왕의 아들이에요.

고구려 유민들은 안승을 중심으로 뭉치고 있었기 때문에

혹시 안승이 고구려와 백제 유민들을 이끌고 반란을 일으킬까 봐

걱정이 되었던 거예요.

안승의 조카인 대문은 신문왕의 속셈을 꿰뚫고 있었어요.

대문은 고구려의 유민 가운데 경험이 많은 사람들을 불러 모았어요.

"보덕왕께서 경주로 가신 일은 정말 안타까운 일이 아닐 수 없소."

신문왕은 신하들 사이에서 반란자가 나오지 못하도록 제도를 바꾼 거군.

"신라의 왕이 우리를 존중하여 보덕왕을 모셔 간 게

아닙니까, 그런데 왜 안타까워하십니까?"

사람들이 의아해하자 대문은 주먹을 불끈 쥐며

말했어요.

"아니다. 보덕왕께선 신문왕에게 발목을 잡히신 게야."

대문의 말에 크게 화가 난 고구려 유민들은 반란을

일으켰어요.

하지만 이 반란은 금세 진압되고 말았지요.

신문왕은 반란군의 우두머리인 대문을 처형하여

그 목을 궁궐 밖에 걸도록 했어요.

대문이 처형됐다는 소문이 퍼지자 고구려 유민들은 그동안

눌러 왔던 울분을 터뜨렸어요.

"신라 놈들이 우리를 죽이려 드니 가만 있을 수 없다."

고구려 유민들은 신라의 관리를 죽이고 관청을 차지했어요.

신문왕은 반란군을 진압하도록 명령했어요.

무기를 제대로 갖추지 못했던 반란군은 금방 무너지고 말았지요.

반란이 마무리 되자 신문왕이 명령했어요.

"고구려 사람들을 남쪽으로 내려와 살게 하라.

그래야 그들도 진정한 신라 사람이라 생각하지 않겠느냐."

그러면서 신문왕은 9주 5소경을 만드는 등 지방 행정 조직을

튼튼히 하는 데 힘을 기울였어요.

▲ 사적 181호인 신문왕릉

왕권 강화에 힘쓴 효소왕

왕과 신하들의 힘겨루기

신문왕이 692년에 젊은 나이로 세상을 뜨자, 나이 어린 이홍 왕자가 신라 제32대 효소왕이 되었어요.

효소왕은 신문왕의 맏아들로, 흠돌의 딸인 김씨 부인이 쫓겨난 후 왕비가 된 신목 왕후의 아들이었어요.

흠돌의 난을 물리친 공신 원선은 효소왕이 왕위에 오르자마자 중시 벼슬을 받았어요.

반란에 가담한 신하들과 가까이 지낸 이들까지 모조리 벼슬을 빼앗아라!

왜 죄 없는 신하에게까지 벌을 내리시는 거야?

16

중시는 집사부의 대표였으며, 집사부는 왕의 비서와 같은
역할을 했어요.
귀족 회의인 화백 회의에서도 대표인 상대등 대신 중시가
모든 권력을 쥐고 있었어요.
그러다 보니 효소왕은 항상 신하들에게 눌려 지내야만 했지요.
700년에 이찬 벼슬을 하던 경영이 반란을 일으켰다가 붙잡혀
죽임을 당하는 사건이 벌어졌어요.
효소왕은 이 기회를 놓치고 싶지 않았어요.
'아바마마께서도 흠돌이 반란을 일으킨 것을 기회로
왕권을 강화하셨다. 나도 이 반란을 잘 이용해야 되겠다.'
이렇게 생각한 효소왕은 나라를 뒤흔들던
신하들을 하나씩 몰아내기 시작했어요.
제멋대로 나랏일을 주무르던 신하들은
불만이 클 수밖에 없었지요.
하지만 효소왕은 끄떡도 하지 않았어요.
그런데 경영의 반란이 일어난 지 2년 만에
효소왕이 갑자기 세상을 떠났어요.

아니, 갑자기 왕께서
돌아가신 이유가 뭐지?

신하들에게 눌려 지낸 성덕왕과 효성왕

약한 아버지와 강한 아들

702년, 효소왕의 뒤를 이어 성덕왕이 왕위에 올랐어요.

성덕왕은 효소왕의 동생으로, 효소왕을 몰아낸 신하들의 지지를 받아 왕이 되었어요.

그러다 보니 성덕왕은 효소왕을 받들던 신하들이나 백성들의 미움을 사지 않을까 늘 걱정이었어요.

그래서 사람들의 마음을 얻기 위한 정책을 펼쳤어요.

"모든 관리들의 등급을 하나씩 올려 주도록 하라."

"일 년 동안 백성들에게 세금을 걷지 마라."

신하들의 힘을 건드렸다가는 자신의 목숨도 위험해진다는 사실을 잘 알고 있던 성덕왕은 조용히 숨죽이고 살았어요.

그렇게 해서 오랫동안 왕위를 지킬 수 있었던 거예요.

성덕왕이 죽자 셋째 아들인 효성왕이 왕위를 이었어요.

효성왕은 유약했던 성덕왕과는 달랐어요.

효성왕의 왕비는 당시 가장 강한 권력을 쥐고 있던 순원의 딸이었어요.

속으로 순원을 못마땅하게 생각하던 효성왕은 왕비인 혜명을

가까이하지 않았어요.

대신 순원과 사이가 좋지 않은 영종의 딸을 후처로 맞이했어요.

이 일로 순원과 영종은 서로 으르렁거리는 사이가 되었어요.

효성왕은 영종과 짜고 순원의 무리를 쫓아내려고 했어요.

하지만 순원의 무리가 한발 앞서 영종의 무리를 없앴어요.

순원을 누르려던 효성왕의 계획은 결국 물거품이 되었지요.

효성왕은 742년 5월에 시신을 화장하여 동해에 뿌려 달라는 유언을

남기고 세상을 떠났어요.

경덕왕이 아버지 성덕왕의 공덕을 기리기 위해 종을 만들기 시작했어.

▲ 우리나라에 남아 있는 종 가운데 가장 규모가 큰 성덕 대왕 신종

강력한 왕권을 확립한 경덕왕

왕권을 다시 찾다

경덕왕은 성덕왕의 넷째 아들로, 효성왕의 동생이었어요.

742년에 효성왕이 세상을 떠나자 왕위에 올랐어요.

경덕왕은 자신의 형이 신하들에게 휘둘리다가 젊은 나이에 세상을

뜨는 것을 옆에서 지켜보았어요.

'나라가 바로 서기 위해서라도 왕권을 다시 세워야 한다.'

747년, 경덕왕은 관리들을 감독하는

정찰이라는 벼슬을 만들었어요.

동쪽의 다보탑과
쌍을 이루는 석탑이야.

▲ 750년경 세워진 불국사 3층 석탑

신하들은 이를 반기지 않았지만, 경덕왕의 뜻에 따를 수밖에 없었어요.

"신하들이 자기 욕심을 채우기 위해 백성들을 괴롭히고 있다고 들었다.
돈을 받고 벼슬을 파는 자, 백성의 재물을 부당하게 빼앗는
자에게는 벌을 내릴 것이다."

경덕왕은 자신을 도울 신하들을 키워야겠다고 생각했어요.

당시 신라에는 당나라에서 유학이 들어왔는데, 그 가르침을 따르는
젊은 학자들이 조금씩 생겨나고 있었어요.

경덕왕은 성덕왕이 산박사, 의박사를 두었던 것처럼
천문박사와 누각박사를 뽑았어요.

귀족은 아니지만 전문 지식을 갖춘 박사들로 하여금 나랏일을
보게 했어요.

"왕이 우리를 쫓아내고 싶은 게야.
어찌 천한 출신의 박사들에게
나랏일을 맡기는지, 원."

"당나라에서도 이런 일이 있지
않았소? 박사들이 많아지면 우리
귀족의 힘은 약해지게 마련이오."

귀족들의 불만은 점점 쌓여
갔어요.

상대등 김사인은 756년에 경덕왕을 비판하는 상소를 올렸어요.

지금 백성들은 기뭄과 흉년으로 고생하고 있습니다.
이는 왕이 덕이 없어 생긴 일이니 책임을 지십시오.

경덕왕은 잠시 몸을 사리며 때를 기다렸어요.
757년, 상대등 김사인이 병으로 벼슬을 내놓자 지도자를 잃은 귀족들은
우왕좌왕했어요.
경덕왕은 이때를 놓치지 않고 미리 생각해 왔던 개혁을 서둘렀어요.

때가 오면 개혁을 할 것이다.

경덕왕의 개혁은 상대등을 직접 뽑는 것에서부터 시작되었어요.

"관리들에게 월급 대신 토지를 주도록 한다."

관리들에게 월급을 토지로 주게 되면, 왕이 마음대로 그 크기와 지역을
정할 수 있었거든요. 경덕왕은 바로 이 점을 노린 거예요.

경덕왕은 나랏일을 게을리하며 권력 다툼만 하는 신하들을
몰아내고자 했어요.

이렇게 해서 경덕왕은 왕위에 오른 지 10년 만에 강력한 왕권을
세우게 되었어요.

폐하, 상소이옵니다~.

폐하의 속마음이
대체 무엇이길래….

이순, 왕의 스승이 되다

왕권을 되찾은 경덕왕은 마음이 풀렸는지 예전처럼 나랏일을
열심히 돌보지 않았어요.

경덕왕은 궁궐 안에 큰 연못을 만들어 배를 띄우고 술을 마시며 즐겼어요.

이순이라는 신하는 이런 경덕왕을 안타깝게 바라보았어요.

이순은 경덕왕이 왕권을 되찾는 데 많은 도움을 주었어요.

그런데 어느 날 갑자기 승려가 되겠다며 벼슬을 내놓고 산으로 들어갔지요.

하루는 경덕왕이 궁녀들과 놀고 있는데, 느닷없이 이순이 나타났어요.

**"나라가 망하려면 왕이 술과 여자에 빠진다고
하였습니다. 부디 예전의 모습을 되찾으십시오."**

다른 신하들은 바짝 긴장했어요.

황공하옵니다,
폐하.

하지만 경덕왕은 노여워하기는커녕 큰 소리로 웃었어요.

"나랏일이 산더미같이 쌓였는데 잔치가 말이 되겠느냐.

내가 이제부터 그대의 말을 따르겠다."

그 뒤로 이순은 경덕왕의 훌륭한 조언자가 되었어요.

경덕왕은 다시 나랏일을 열심히 돌보았고, 나라도 점점 안정을 찾아갔어요.

내가 이래서 그대를
믿는 것이다.

25

반란에 희생된 혜공왕

반란이 계속 일어나다

혜공왕은 경덕왕의 맏아들로 765년에 왕위에 올랐어요.

이때 그의 나이 겨우 8세였어요.

혜공왕의 어머니인 경수 태후가 어린 왕을 대신해 나랏일을 돌보았어요.

어린 왕이 즉위하자 신하들은 다시 권력을 잡으려고 했어요.

"경덕왕이 죽었으니 이 기회를 놓치면 안 됩니다."

귀족들은 앞다투어 세력을 키우려고 아우성이었어요.

때마침 신라에는 이상한 일들이 벌어졌어요.

"하늘에 해가 두 개나 떴습니다."

하늘에는 밝은 태양 하나와 조금 빛을 잃은 태양 둘이 떠 있었어요.

백성들은 왕 때문에 하늘이 화가 나 생긴 일이라며 불안해했어요.

이상한 일은 계속되었어요.

"양리공의 암소가 새끼를 낳았는데, 다리가 다섯이라고 합니다.

그중 하나는 하늘을 향하고 있다 합니다.

그래서 사람들 사이에 이상한 소문이 돌고 있습니다."

경수 태후는 걱정스러운 얼굴로 물었어요.

"무슨 소문이냐?"

"다리가 다섯이라는 것은 반란이 다섯 번 일어나며,

그리고 다리 하나가 위로 솟아오른 것은 다섯 번째 반란을 일으킨 자가

왕이 된다는 의미라고 떠들어 대고 있습니다."

경수 태후는 화가 나서 어쩔 줄 몰랐어요. 하지만 이런 일은

계속 일어났어요. 강주에서는 갑자기 땅이 가라앉아 큰 연못이

생겼는데, 그 물빛이 깊은 바다와 같이 검푸르게 변했어요.

또 767년에는 지진이 일어나 많은 백성이 목숨을 잃었어요.

신하들과 백성들 사이에 왕에 대한 믿음이 없어지자 경수 태후는

당나라의 힘을 빌리려고 했어요.

"이찬 김은거는 지금 당장 당나라로 가라.

우리 신라에 새 왕이 세워졌다는 사실을 전하고

허락을 받아 오도록 하라."

당시 신라는 당나라를 섬기고 있었기 때문에

당나라 황제가 신라 왕을 인정하는 증명서를

보내 주었어요.

경수 태후는
당 황제의 인정을 받아
혜공왕의 지위를 굳혀 주고
싶었던 거지.

하지만 황제의 문서가 도착하던 날, 갑자기 하늘에서

벼락이 떨어지더니 우박이 마구 쏟아졌어요.

또 황룡사 쪽에서 큰 별이 떨어지고, 남쪽에서는

지진이 일어났어요.

반란을 준비하던 신하들은 이런 사건을 잘 이용했어요.

아찬 대렴과 형인 일길찬 대공은 768년 7월에 반란을 일으켜
33일 동안이나 왕궁을 둘러싸고 싸움을 벌였어요.
770년 8월에는 대아찬 김융이, 775년 6월에는 이찬 김은거가
반란을 일으켰어요. 같은 해 8월에는 염상이 시중 정문과
반란을 꾀하다가 들켜 죽임을 당했어요.
신하들은 상대등 김양상 무리와 이찬 김지정의 무리로 나뉘었어요.
780년 2월, 김지정은 김양상을 몰아내기 위해 부하들을 모았어요.
"김양상은 왕을 업신여기고 있다. 우리가 당장 저들을 없애도록 하자."
이 싸움은 혜공왕 때 일어난 다섯 번째 반란으로, 혜공왕을 죽음으로
몰아넣었어요.

▲ 불교 예술의 최고 경지를 보여 주는 석굴암 본존불

삼국 시대에 들어온 불교는 통일 신라 때 황금기를 맞이했대.

왕이 되고 싶지 않았던 선덕왕

혜공왕을 죽이고 왕이 된 선덕왕

김지정 무리가 궁궐을 차지하자 김양상은 분노를 감추지 못했어요.

"이제 그는 왕을 마음대로 조종하려 들 것이다."

김양상 또한 막강한 힘을 가진 귀족이었어요.

김양상은 조용히 숨어서 군사들을 모았어요.

전국에서 모여든 김양상의 군사들은 김지정의 군대를 누르고도
남을 정도였어요.

김양상은 4월에 궁궐로 쳐들어갔어요.

"김지정 무리는 한 놈도 살려 두지 마라. 자, 공격하라!"

김양상은 간신히 김지정을 물리치고 궁궐을 차지했어요.

'지금은 내가 이겼지만, 왕이 나와 반대편에 있는 자를
돕기라도 하면 위험해진다.'

김양상은 혜공왕마저 없애고 싶었어요.

"김지정 무리는 모두 물리쳤으나, 왕을 어떻게 해야 할지 고민이구려."

말을 마친 김양상은 부하들의 눈치를 살폈어요.

부하들은 미리 입을 맞춘 듯 똑같은 대답을 했어요.

김양상 무리는
자기들이 나라를 바로
세웠다고 믿었지.

"왕은 나랏일은 돌보지 않고, 신하들이 서로
싸우게 만드는 등 많은 잘못을 하였습니다.
백성들을 위해서라도 새 왕을 세워야 합니다."

마침내 김양상은 혜공왕을 죽이고, 왕의 자리를
비워 놓은 채 나라를 마음대로 주물렀어요.

김양상은 반란을 일으키기는 했어도 왕위에 오를
생각까지는 없었어요.

하지만 부하들은 끝내 김양상을 왕으로 세웠어요.

그가 바로 신라 제37대 선덕왕이에요.

선덕왕은 반란 때문에 불안에 떨고 있을 백성들을 다독이기 위해
전국을 직접 돌아다녔어요.

하지만 선덕왕은 이미 노인이었어요.

죽을 때가 되자 선덕왕은 신하들에게 말했어요.

"이제까지 궁궐에서 나가고 싶다는 생각을 하며 지냈는데, 죽을 때까지
궁궐에 머물게 되다니 이것도 하늘의 뜻인가 보다. 죽어서는 자유롭고
싶으니, 내 시신을 화장하여 저 바다에 뿌려 주기 바란다."

선덕왕은 왕위에 오른 지 5년
만인 785년에 병이 들어
세상을 떠났어요.

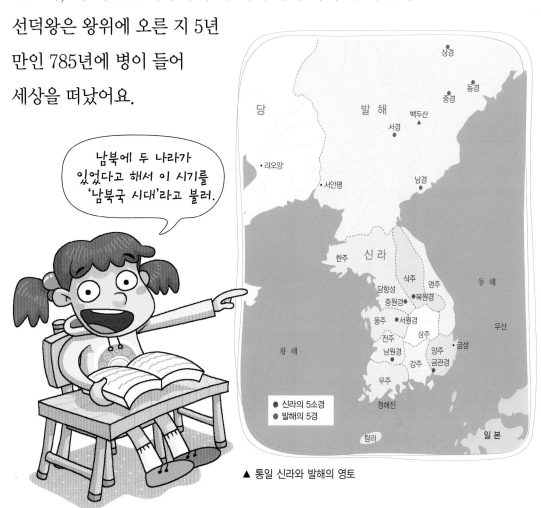

남북에 두 나라가
있었다고 해서 이 시기를
'남북국 시대'라고 불러.

▲ 통일 신라와 발해의 영토

운이 좋은 원성왕, 운이 나쁜 소성왕

원성왕, 폭우 덕분에 왕위에 오르다

신하들이 한자리에 모였어요.
"왕위를 오래 비워 둘 수는 없소.
누구를 왕으로 모시는 게 좋을지
말해 보시오."
"왕실은 혈통이 중요합니다.

어허~ 이게 무슨 일인가….

하늘의 뜻인 것 같사옵니다.

34

그러니 선덕왕 가문에서 모셔 오는 것이 좋겠습니다.”

“저는 선덕왕의 조카인 김주원이 적당하다고 생각합니다.

그는 능력이 뛰어나고 인품이 온화하니 나라를 잘 이끌어 갈 것입니다.”

신하들은 경주에서 200리 정도 떨어진 곳에 살고 있던

김주원에게 사람을 보냈어요.

“어서 궁궐로 가셔서 왕위를 이을 준비를 하십시오.”

김주원은 자신이 왕위를 잇게 되었다는 사실에 기뻐하며

서둘러 길을 떠났어요.

김주원의 집과 경주 사이에는 알천이라는 강이 있었는데,

그가 강을 건너려 하자 갑자기 폭우가 쏟아지기 시작했어요.

강물은 순식간에 불어 도저히 강을 건널 수 없었어요.

“할 수 없다, 조금 더 기다려 보자.”

김주원은 물이 빠지기를 기다렸지만, 비는 쉽사리 그치지 않았어요.

한참을 기다리던 신하들은 점점 지쳐 갔어요.

“비가 많이 와서 왕이 되실 분이 강을 건너지 못하고 있다지?”

김주원의 자격을 의심하는 신하들도 하나둘 생겨났어요.

“왕은 하늘에서 내는 것이라 하지 않던가.

이렇게 하늘에서 비가 많이 내려 발목을 잡는다는 것은,

하늘이 막아선다는 뜻이 아니겠는가.”

이 말을 한 사람은 상대등 김경신을 따르는 신하였어요.

김경신은 김양상이 반란을 일으켰을 때 큰 공을 세운 사람이었지요.

김경신은 선덕왕 대신 귀족들을 다스리고 있었기 때문에,

실질적으로 신라 최고의 권력자였어요.

"생각해 보니 상대등이야말로 나라를 구한 분이군요.

아무래도 하늘은 상대등을 택한 모양입니다."

이렇게 해서 김경신이 왕위에 올랐으니 그가 바로 제38대 원성왕이었어요.

소성왕, 왕위에 오르자마자 죽다

791년에 원성왕의 태자 인겸이, 794년에 태자 헌평이 차례로 세상을
떠났어요. 몇 년 사이에 태자 둘을 잃은 원성왕은 깊은
시름에 잠겼어요.

하지만 다행히도 맏아들인 인겸이 죽기 전에
후사를 남겨 798년에 원성왕이 세상을 떠나자
손자인 준옹이 왕위를 이었어요.

그가 바로 신라 제39대 소성왕이에요.

왕이 되기 전에도 소성왕은 당나라에 사신으로
가는가 하면 반란 세력을 물리치기도 하는 등 눈부신
활약을 펼쳤어요.

하지만 소성왕은 쉴 틈 없이 일하다가 병들어 자리에 눕게 되었어요.
병석에서도 나랏일을 하느라 애쓰던 소성왕은 왕위에 오른 지 겨우 1년
7개월이 지난 800년에 젊은 나이로 세상을 떠났어요.

신라 불교문화의 꽃, 석굴암

인공적으로 만든 우리나라의 대표적인 석굴 사원으로, 751년 경덕왕 때 경주 토함산 중턱에 김대성이 짓기 시작해 그가 죽은 뒤 국가에서 완성했어요. 김대성은 현세의 부모를 위해서는 불국사를, 전생의 부모를 위해 석불사를 지었는데, 석굴암이 바로 그 석불사예요. 석굴암은 동해 바다와 그곳에 있는 문무왕의 무덤인 대왕암을 향하고 있어 부처의 힘으로 왜구의 침략을 막으려는 신라인의 염원을 담고 있어요.

❀ 부처의 나라, 주실

석굴암 안쪽은 본존불을 모신 둥근 형태의 주실과 사각형 모양의 전실로 나뉘어요. 주실은 천장과 바닥을 모두 둥글게 만들었어요. 본존불과 그 뒤에 십일면관음보살이 있고, 10대 제자와 제석천, 범천, 나한과 보살들이 곳곳에 새겨져 있어요. 마치 부처님 말씀을 들으려고 모여 있는 것 같아요.

최고의 걸작, 본존불
몸의 비례가 잘 맞고 매우 부드러워서 거칠고 단단한 화강암으로 만들었다는 게 믿기지 않을 정도예요. 신라에서 가장 잘생긴 부처님으로 사랑받고 있어요.

십일면관세음보살
머리에 보살의 얼굴이 10개가 더 있어요. 신라 여인의 높은 지조와 깊은 신앙심을 엿볼 수 있어요.

🌸 인간의 나라, 전실

앞쪽에 있는 전실은 사람들이 예배와 공양을 드리던 곳이에요. 보기만 해도 무시무시한 사천왕 4구, 불교를 지키는 팔부신중 8구, 금강역사 2구가 새겨져 있어요. 전체적으로 좌우가 서로 대칭을 이루어서 석굴에 안정감을 주고 있어요. 주실은 둥근 모양이지만 이곳은 인간의 나라를 상징하여 사각형으로 만들었어요.

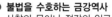

● 부처의 나라를 지키는 사천왕
동쪽 하늘은 지국천왕, 서쪽 하늘은 광목천왕, 남쪽 하늘은 증장천왕, 북쪽 하늘은 다문천왕이 맡았어요. 칼이나 탑을 들고 발로 나쁜 사람들을 밟고 서 있어요.

● 불법을 수호하는 금강역사
사찰의 문이나 전각의 입구 양쪽에 서서 불법을 수호하는 신으로, 문지기의 역할을 해요. 석굴암 전면의 금강역사는 다른 곳의 상과는 달리 금강저라는 무기를 들고 있지 않아요.

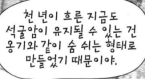

천 년이 흐른 지금도 석굴암이 유지될 수 있는 건 옹기와 같이 숨 쉬는 형태로 만들었기 때문이야.

통일 신라의 교육과 관리 선발

통일 신라 때에는 유교의 힘으로 왕실의 기틀을 튼튼히 다지기 위해 유교 경전을 가르치는 국학을 세우는 한편, 똑똑한 인재를 골라 관리로 뽑기 위한 독서삼품과를 설치했어요. 나라를 잘 다스리려면 유학을 체계적으로 배운 훌륭한 인재가 필요했기 때문이지요.

❄ 신라의 서울대학교, 국학

신문왕은 유학을 깊이 연구한 훌륭한 인재를 뽑으려고 국립 대학인 국학을 세웠어요. 여기에 경학박사와 조교를 두고, 15세부터 30세까지의 귀족 자제에게 9년 동안 교육을 시켰어요.

경덕왕 때는 국학을 태학감으로 고치고 〈논어〉와 〈효경〉 등을 가르쳤어요. 이것은 부모님께 효도하는 것처럼 나라에도 충성하게 하기 위해서였지요.

또한 왕실을 튼튼하게 하려는 목적도 있었지요. 혜공왕 때는 다시 국학으로 이름이 바뀌었어요.

9년이 넘었으니 나도 이제 졸업이구나~.

15세부터 30세까지만 들어갈 수 있다는구나. 조금만 더 기다리자.

▲ 독서삼품과의 한 과목인 〈논어〉

❄ 성적에 따라 벼슬을 내린 독서삼품과

원성왕 때인 788년, 국학 안에 유교 경전의 독해 능력에 따라 관리를 뽑는 독서삼품과를 만들었어요. 성적에 따라 상품·중품·하품 등으로 나누어 벼슬을 내렸지요.

독서삼품과는 6두품 출신 인재들을 정치에 참여하게 하여 진골 귀족들의 권력이 커지는 것을 막고, 왕권을 강화하려고 마련한 제도였어요. 그러나 진골 귀족들의 반발로 큰 성과를 거두지는 못했답니다. 6두품 출신 학자들은 크게 실망했고, 일부는 출세를 위해 당나라로 유학을 가기도 했어요.

한눈에 보는 연표

 우리나라 역사  **세계 역사**

680

관료전 지급

신문왕은 통일 직후 체제와 제도를 개혁하면서 나랏일을 맡은 관료들에게 '관료전'을 주었어요. 관료전은 직위에 따라 다르게 주어졌어요.

신문왕 즉위 ➡ **681**
국학 설치 ➡ **682**
관료전 지급 ➡ **687** ⬅ 피핀 2세, 프랑크 왕국 실권 차지

> 관료전 제도를 실시한 뒤 녹읍 제도를 없앴어.

> 난 중국 당나라 고종의 황후야.

◀ 측천무후

700

김대문, 〈화랑세기〉와 ➡ **702**
〈고승전〉 지음 **705** ⬅ 당나라, 측천무후 죽음
당의 외교 문서를 ➡ **714**
맡아보는 통문박사 설치 **717** ⬅ 동로마, 사라센 물리침

720

농민들에게 정전 지급 ➡ **722**
혜초, 〈왕오천축국전〉 지음 ➡ **727**

교황과 카롤루스 대제의 만남

카롤루스 대제는 프랑크 국왕으로 서유럽을 통일했어요. 로마 교황과 관계를 맺고 서유럽의 종교를 통일했으며, 카롤링거 르네상스를 이룩했어요.

740

경덕왕 즉위 ➡ **742**
불국사와 석굴암 ➡ **751**
중창 시작 **756** ⬅ 당나라, 양귀비 죽음
혜공왕 즉위 ➡ **765**
성덕 대왕 신종 완성 ➡ **771** ⬅ 카롤루스 대제, 프랑크 왕국 통일

▲ 불국사 3층 석탑

> 카롤루스는 샤를마뉴라고도 해.